EU ODEIO OS HOMENS

EU ODEIO OS HOMENS

UM DESABAFO

PAULINE HARMANGE

Tradução de
Adriana Azevedo

1ª edição

Rio de Janeiro | 2021

© Monstrograph, 2020
Este livro foi editado e publicado por Martin Page & Coline Pierré na
Coleção Bootleg da Monstrograph
Tradução acordada com Julie Finidori Agency

Título original: *Moi les Hommes, je les déteste*

CIP-BRASIL. CATALOGAÇÃO NA PUBLICAÇÃO
SINDICATO NACIONAL DOS EDITORES DE LIVROS, RJ

H251e Harmange, Pauline, 1994-
Eu odeio os homens / Pauline Harmange ; tradução Adriana
Azevedo. – 1. ed. – Rio de Janeiro : Rosa dos Tempos, 2021.

Tradução de: Moi les hommes, je les déteste
ISBN 978-65-8982-800-6

1. Feminismo. 2. Relação homem-mulher. 3. Mulheres –
Condições sociais. I. Azevedo, Adriana. II. Título.

21-70154
CDD: 320.5622
CDU: 141.72

Camila Donis Hartmann – Biliotecária – CRB 7/6472

Todos os direitos reservados. É proibido reproduzir, armazenar ou
transmitir partes deste livro, através de quaisquer meios, sem prévia
autorização por escrito.

Texto revisado segundo o novo Acordo Ortográfico da Língua Portuguesa.

Direitos desta tradução adquiridos pela
EDITORA ROSA DOS TEMPOS
Um selo da EDITORA RECORD LTDA.
Rua Argentina, 171 – Rio de Janeiro, RJ – 20921-380 – Tel.: (21) 2585-2000.

Seja um leitor preferencial Record.
Cadastre-se no site www.record.com.br
e receba informações sobre nossos
lançamentos e nossas promoções.

Atendimento e venda direta ao leitor:
sac@record.com.br

Impresso no Brasil
2021

*"The trouble was,
I hated the idea of serving men
in any way."**

Sylvia Plath, *The Bell Jar*

---

*O problema era,/ eu odiava a ideia de servir homens/ de toda forma.

SUMÁRIO

Introdução   9

Misandria, nome feminino   15
Casada com um cara   23
Misândricas, histéricas e malcomidas   29
Os homens que não amavam as mulheres   33
Deixe a raiva das mulheres rugir   43
Medíocre como um homem   51
A armadilha da heterossexualidade   57
Irmãs   63
Elogio das "reuniões Tupperware", das noites
de pijama e dos nossos "girls club's"   67

Agradecimentos   73
Para ir mais longe   75

INTRODUÇÃO

Um dia escrevi no meu blog que a preguiça dos homens, a reticência deles em se interessar pelas causas das mulheres, me cansava. *Imediatamente*, um anônimo cordial deixou este comentário: "Vocês deveriam se perguntar por que os homens não querem falar sobre isso. Algumas pistas: *a atitude agressiva, para não dizer rancorosa, das feministas contra todo homem que não diz: 'Tenho vergonha de ser homem! Morte aos homens!' No dia em que vocês enxergarem as relações homem-mulher como elas são [...], então a gente vai escutar vocês. Enquanto isso, vocês serão vistas como frustradas de bigode e prejudicarão a sua causa.*"

Com palavras não muito veladas, esse senhor me acusava de misandria. Eu não sou a única que regularmente é acusada de odiar os homens: muitas são as feministas e lésbicas que foram acusadas dessa afronta. Deflagrar o poder dos homens e não sentir atração por eles, isso não pode ser outra coisa que não ódio, não é mesmo?

A acusação de misandria é um mecanismo de silenciamento: uma forma de fazer calar a raiva, às vezes violenta, mas sempre legítima, das oprimidas em relação aos opressores. Ficar chocado com a misandria, fazer dela uma forma de sexismo como qualquer outra e igualmente condenável (como se o sexismo fosse condenado...), é varrer para debaixo do tapete com muita perversidade os mecanismos que fazem da opressão sexista um fenômeno sistêmico, apoiado pela história, pela cultura e pelas autoridades. É afirmar que uma mulher que odeia os homens é tão perigosa quanto um homem que odeia as mulheres – e afirmar que ela não tem nenhuma razão de sentir o que sente, seja hostilidade, suspeita ou desprezo.

É isso mesmo, quando foi que um homem, em toda a história da humanidade, fez mal a uma mulher? De forma geral, quando é que *os homens* fizeram mal *às mulheres*?

Nos movimentos feministas, a gente tem o costume de dizer que a misandria não existe. Antes de mais nada, porque é verdade: ela não é um sistema organizado em todos os níveis para rebaixar e reprimir os homens. Mas também porque, se às vezes nos permitimos colocar todos esses cavalheiros no mesmo saco, é por diversão, é irônico, entende? Na verdade, nós somos muito legais, tá?

E se a misandria fosse necessária, ou até mesmo saudável? Entendo por que nós a rejeitamos. Dá medo de nos apontarem o dedo, ou ser considerada como uma terrível extremista que detesta os homens. Afinal, milhares de mulheres foram queimadas na fogueira por menos que isso.

Vamos lá, confesso a vocês: eu odeio os homens. Todos, sério? Sim, todos. Por padrão, eu tenho muito pouca estima por eles. É cômico, porque não tenho, aparentemente, nenhuma legitimidade para odiar os homens. Eu ainda escolhi me casar com um e, nesse dia, fui obrigada a admitir que eu o amo muito.[1]

O fato de eu ter me casado com um homem não me impede de me perguntar por que os homens são o que eles são. Esses seres violentos, egoístas, preguiçosos e vis.

---

1. Essa escolha não é, ainda assim, desprovida de um contexto. Como mulher bissexual, o que seria a minha vida hoje, se eu não tivesse confrontado desde muito cedo a homofobia da sociedade e do meu entorno?

E por que nós seríamos obrigadas, como mulheres, a aceitar com gratidão esses defeitos – ou melhor, essas taras –, mesmo que os homens nos batam, nos estuprem e nos matem. *Boys will be boys* [garotos serão garotos]. As garotas se tornarão mulheres e vão aprender a lidar com isso, porque não há escapatória à visão limitada do nosso destino na bola de cristal do patriarcado. Vamos lá, somos perfeitamente capazes de suportar seus pequenos defeitos... de qualquer maneira, não temos escolha. Que tipo de mulheres somos nós, se nos desviamos do olhar dos homens? Escolham: malcomidas, lésbicas ou muito histéricas.

Além do fato de deslegitimar a causa das mulheres, parece que a misandria é muito difícil de ser vivida pelos homens: uma violência insuportável que, até hoje, totaliza o intolerável índice de zero morte e zero ferido. Parece que com toda essa idiotice feminista, #MeToo e tudo mais, é difícil ser homem hoje em dia. Eles não sabem mais como seduzir, como pegar um elevador com suas colegas nem como fazer piadas... Eles têm, então, o direito de dizer e fazer o quê?

Tantas angústias existenciais pelas quais não consigo sentir muita empatia. Todo o tempo que passam chorramingando sobre seu destino de pobres rapazes perseguidos, com astúcia se esquivam de seu dever: o de ser um puro produto do patriarcado.

Estranhamente, os homens não se perguntam o quanto as feministas os odeiam – eles notariam muito rápido que a intensidade é alarmante. Não, eles estão muito ocupados em nos explicar que *eles* não são assim, que não é muito bom fazer generalizações. E, sobretudo, que, ao fazer deles inimigos com o nosso *men are trash* [homens são lixo], nos arriscamos a não vê-los se unindo a nós e nos *ajudando* em nossa luta. Como se não pudéssemos conduzir nossa luta sem eles, como se isso não fosse o que estivéssemos fazendo há anos – e como se, quando se convidassem aos nossos postos de luta ou partilhassem nossos combates, eles não tomassem todo o lugar de fala, falando mais alto que nós (e às vezes até mesmo, de quebra, nos violentando).

Vejo na misandria uma porta de saída. Uma maneira de existir fora da curva, uma maneira de dizer *não* a cada respiração. Odiar os homens, como grupo social e muitas vezes também como indivíduos, me traz muita satisfação – e não somente porque sou uma velha bruxa louca dos gatos.

Se nos tornássemos todas misândricas, poderíamos formar uma grande e bela algazarra. Nós nos daríamos conta (e isso seria talvez um pouco doloroso no início) de que não precisamos de fato dos homens. Poderíamos, acredito, desencadear um poder insuspeitado: o de, pairando muito acima do olhar dos homens e das demandas masculinas, nos revelarmos a nós mesmas.

MISANDRIA, NOME FEMININO

Talvez seja útil definir ao longo deste texto o conceito de misandria como eu o entendo. Falarei então da misandria como um sentimento negativo em relação à categoria das pessoas masculinas em seu conjunto. O sentimento negativo pode ser representado por um espectro que vai da simples desconfiança à hostilidade, que se manifesta a maior parte do tempo por meio de uma impaciência em relação aos homens e uma rejeição de sua presença nos círculos de mulheres. E quando digo "em relação à categoria das pessoas masculinas", englobo nesse termo todos os homens cisgêneros que foram socializados como tais e que gozam de seus privilégios masculinos sem os colocar em questão – ou os colocam muito pouco (sim, a misandria é um conceito exigente e elitista).

Finalmente, a misandria é um princípio de precaução. Após ter passado tanto tempo sendo, no melhor dos casos, desiludidas e, no pior dos casos, violentadas pelos homens – ainda mais depois de ter absorvido a teoria feminista, que articula o patriarcado e o sexismo –, é totalmente natural desenvolver uma carcaça e não entregar nossa confiança a qualquer cara que ande por aí e que nos assegure que sim, sim, *ele* é gentil.[2] Contudo, é suficiente que o tipo em questão faça suas demonstrações e exponha sua boa vontade para que nossos sentimentos mais hostis se acalmem. Mas ele nunca passará do período de testes: nada contra ele pessoalmente, é só porque é difícil renunciar aos privilégios e, ainda mais, militar ativamente para que todos os seus semelhantes os percam. Um lapso e, opa!, seria tentador dar em cima de uma mulher na boate de forma grosseira, quando ela já demonstrou seu desinteresse muitas vezes. Um dia ruim, e pá! A gente se encontra de novo interrompendo

---

2. Uma pequena observação desprovida de fundamento científico: na maior parte do tempo, quando um homem se esforça muito para garantir que é gentil, basta dar dois segundos para que a máscara caia. É mais ou menos como no sexo – salvo que dessa vez é comprovado: aqueles que falam mais são os que fazem menos.

Misandria, nome feminino | 17

a fala e sendo o tempo todo um *mansplainer*[3] sem-vergonha. Se a gente continua vigiando até mesmo os caras que achamos corretos, é porque todo mundo dá uma escorregada, e os caras brancos cis e heterossexuais, ricos e aceitáveis são ainda mais suscetíveis de vacilar que os outros. A soma dos privilégios deles é tão pesada que os deixa imóveis. A gente espera que os homens sejam exemplares, porque, quando nós, mulheres, falamos, ninguém escuta. A gente não vai deixar que eles façam as coisas pela metade.

O mínimo que um homem pode fazer diante de mulheres com discurso misândrico é se calar e ouvir. Ele aprenderia um monte de coisas e sairia amadurecido. Ele pode em alguns casos concordar, mas atenção para que ele não faça o caminho inverso: o de se mostrar arrependido de forma muito lamuriosa, pois nenhuma mulher, e menos ainda uma mulher misândrica, tem vontade de ouvir um homem chorando sobre o sortilégio de ser um privilegiado e se fazer de mártir. Ainda não encontrei um homem que reivindicasse para si mesmo

---

3. O *mansplainer* é o indivíduo que pratica o *mansplaining*, que acontece quando um homem explica o óbvio a uma mulher, em tom paternalista. [N. da E.]

o título de misândrico, mas acredito que isso causaria em mim o mesmo efeito que ouvir um homem se autoproclamar feminista. As militantes feministas têm por instinto o movimento de rejeitar e de ver como suspeito tudo o que diz respeito a esses tipos. Nós, as que achamos que os homens não podem ser feministas, somos muitas, e eles não podem se apropriar de um termo cunhado por pessoas oprimidas. Porque é incrivelmente comum homens que se dizem feministas e que propagam não terem "desconstruído" seus privilégios tanto quanto querem fazer acreditar, e se aproveitam alegremente disso para desrespeitar e abusar das mulheres no seu entorno. Também é porque não tem coisa mais desgastante do que ver um homem ficar com os louros de forma desproporcional a seus esforços minúsculos, enquanto as mulheres ainda são submetidas a padrões impossíveis, que fazem delas sempre perdedoras. Não podemos mais nos permitir elogiar os homens por coisas tão tristemente banais como sair do trabalho mais cedo para buscar o filho na escola. Não se pode esquecer que, nas mesmas situações sociais, as mulheres são apontadas e criticadas, sejam quais forem as suas escolhas.

Atenção, não estou dizendo que os homens não devem se interessar pelo feminismo, entender a luta e estar de acordo com seus valores. Pelo contrário, estou acusando-os justamente de não se interessarem o suficiente, ou de se interessarem pelas razões erradas (para seduzir feministas, por exemplo) (não faça isso em casa). Existe um mundo entre "entender uma opressão, seus mecanismos e reconhecer seu lugar nesse sistema" e "apropriar-se dessa opressão para roubar a cena e tomar conta de tudo mais uma vez". Solicitamos aos homens que utilizem seu poder, seus privilégios, com conhecimento de causa: policiando os demais membros masculinos de seu entorno, por exemplo, não querendo explicar às mulheres como tocar sua própria luta. Solicitamos aos homens que fiquem em seu lugar. Não, na verdade, exigimos que eles aprendam a ocupar menos espaço. Eles não são os protagonistas e precisam se acostumar com isso.

Se com frequência traço o paralelo entre misandria e feminismo, é porque precisei de muitos anos de feminismo para ver desenvolvida em mim essa antipatia pelos homens, para assumi-la e não fingir mais, mesmo diante de homens do meu entorno. Acredito que a prática regular do feminismo permite que eu desenvolva a segurança e a autoconfiança necessárias para chegar até aqui. A gente ganha coragem porque os índices de violência contra a mulher[4] estão sendo esmiuçados e analisados sob uma perspectiva sociológica. Percebemos que o que sofremos diante de nossas relações, tantas vezes relegadas ao âmbito do íntimo e do pessoal, tem uma dimensão política, um caráter sistêmico, e que não se trata de um delírio em nossa cabeça, nem mesmo é porque as mulheres adoram um drama.

Tomamos então consciência de que não estamos sozinhas, nem quando recebemos um "fiu-fiu" na rua, nem quando fomos agredidas por um cara que pensávamos estar do nosso lado, nem por "governar a casa", e se estamos de saco cheio não é por conta da nossa fragilidade ou pelo nosso caráter belicoso, mas devido a uma injustiça profunda da qual somos todas vítimas.

Notei a ocorrência de um padrão similar com o feminismo e a misandria nas relações de muitas amigas e conhecidas. Inicialmente pouco politizadas, feministas "à francesa" (o que quer dizer muito dispostas a reconhecer os problemas de igualdade entre mulheres-homens em todos os países do mundo, mas pouco inclinadas a

---

4. Estamos falando de violências físicas (agressões, violações...) e de violências simbólicas, como, por exemplo, a ideia comumente aceita de que as mulheres não têm estado de espírito e competências necessários por serem boas dirigentes.

se dar conta de que em nosso próprio país não temos muito do que nos orgulharmos), elas continuam a escavar, a se informar, até estarem nitidamente indignadas por tudo o que se passa, alhures ou aqui, e se encherem de raiva. Ao longo de sua investigação, elas não podem ver o óbvio – o fato de que os homens e sua virilidade são um problema, não para toda a sociedade, mas para as mulheres em particular. Então elas se tornam misândricas. Porque não existem outras opções, e por terem aberto os olhos em relação à profunda mediocridade dos homens, não há uma verdadeira razão para admirar os seus defeitos.

CASADA COM UM CARA

Um dia, durante uma conversa com amigas sobre o estranho hábito dos homens de se acreditarem excelentes amantes sem, contudo, se indagarem sobre a satisfação de suas parceiras, deixei escapar um eloquente *men are trash*. Uma das participantes da discussão me disse, em resumo: "Bom, escuta só, chega das suas idiotices. É fácil para você dizer isso, por acaso seu companheiro é perfeito? Para de palhaçada." Sobre a bronca, eu não sabia muito bem o que responder. Ela jogou na minha cara a minha hipocrisia.

Apesar disso, estou certa de que, se eu ficasse solteira de novo amanhã, seria muito difícil iniciar uma nova relação com um homem. Eu jamais teria energia para começar tudo do zero com um desconhecido. Eu seria bem menos tolerante em relação a coisas que, antes, me pareciam naturais, e que ainda são para muitos homens (e mulheres), e que desconstruímos juntos, eu e meu companheiro.

Na época em que encontrei aquele que viria a se tornar meu marido, eu não tinha nem 17 anos, nem me passava pela cabeça que eu iria odiar os homens. Eles eram extremamente essenciais para o olhar que eu depositava sobre mim mesma. Somente a opinião deles tinha importância: você poderia repetir para mim cem vezes que eu era bonita (ou inteligente, mas isso contava um pouco menos), mas nenhum homem além do meu pai havia confirmado isso para mim. Não acreditei por um segundo. Eu era muito magra, muito bem-vestida, eu poderia somente esperar agradar a eles um dia? Estava intimamente persuadida de que não, e de que provavelmente eu iria terminar minha vida sozinha, sem jamais ter conhecido o amor. Com a cabeça cheia do romantismo que é imposto às meninas, eu era certamente muito dramática, mas tinha também a impressão de que os caras da minha idade se exibiam como performers e pedintes de sexo (o que eu não estava muito interessada em dar, mas se fosse necessário fingir para não ser jogada fora como uma meia furada, bem…), em detrimento do amor. É a respeito disso que todas as jovens meninas são alertadas, isso que se espera de todos os jovens rapazes, a quem são negados os sentimentos.

Tive uma chance, porque encontrei alguém que não ficava exigindo que eu fizesse sexo e que não tinha medo de reconhecer que ele também procurava um amor. Eu não me amava muito aos 17 anos, e escapei de algumas figuras odiosas (e, contudo, tão comuns) que me faziam mal, às vezes sem que me desse conta. Eu não era, de fato, feminista. Na verdade, eu não tinha formulado muito as opiniões que hoje pertencem totalmente a mim. Meu marido tampouco: nós nos (des)construímos juntos e nossas visões de mundo foram, a partir disso, sempre coincidindo.

Não quero cuspir no prato que comi, mas é preciso ser honesta: não, meu amor não é perfeito. Ele não abusa de mim, não me bate, ele lava a louça, passa aspirador e me trata com todo o respeito que mereço. Mas isso é ser perfeito? Ou isso é o mínimo? Os padrões são tão baixos que os homens podem escapar impunes?

Vamos deixar claro: também não sou perfeita, ninguém é. Parece-me, contudo, que os esforços empreendidos pelas mulheres para se tornar mais amáveis aos olhos do parceiro são raramente recíprocos.

Nós vamos para a terapia, lemos livros que nos ensinam como nos organizar, como ser zen, como gozar, partilhamos nossos humores, iniciamos diálogos, fazemos esportes e dietas, nos repaginamos, fazemos cirurgias estéticas, somos treinadas, mudamos de emprego, a gente se vira nos trinta. As mulheres estão em um processo de atualização permanente.

Com meu tapete de ioga, meu app de meditação, minhas duas terapias, meu livro de comunicação não violenta e o controle relativo das minhas emoções por vezes transbordantes, tenho a impressão de ser um clichê. Eu me revejo explicando os princípios da comunicação não violenta ao meu parceiro, esperando que isso nos permita expressar melhor nossos desacordos sem afundarmos *imediatamente* em nossas discussões tempestuosas. Ele pode ter lido também o livro que comprei. Ou – loucura! – ele poderia ter assumido a liderança, constatando que nossos conflitos não se resolviam de forma satisfatória, e propor ele mesmo a solução! Mas isso não aconteceu assim. Peguei a carga emocional da relação sobre meus ombros. É o que as mulheres são obrigadas a fazer, visto que são as únicas numa relação heterossexual a ter aprendido a fazer isso. Os homens poderiam fazer isso também, mas é como aprender uma língua estrangeira: muito menos fácil depois de adulto, e sim, de frente qualquer um faz todos os esforços para falar a língua do outro, por que se aborrecer?

Hoje, embora eu ame o meu parceiro e não pense um segundo em me separar, continuo pensando em reivindicar minha raiva pelos homens. E colocar ele nesse mesmo saco. É possível, porque a vida não é simples, que eu experimente logo, de uma vez só, o particular e o geral.

De um lado, sou testemunha a cada dia da humanidade *desse* homem em particular e também de seus esforços. Eles não são suficientes todos os dias, o progresso às vezes é trabalhoso, mas vale a pena. Continuo acusando-o de esperar que eu lhe sirva os conceitos e as reflexões sobre masculinidades mastigadinhos, e ele não se desconstrói tanto quanto poderia – segue obstinado a interromper a fala, se recusa a reconhecer que está errado, não melhora sua escuta em relação a mim e não me dá suporte quando tenho medo ou choro: tantas coisas intimamente ligadas à virilidade.

Se me recuso a lhe conceder o direito de ser medíocre por ser homem, e os homens são assim, é sobretudo para conceder a mim mesma a estima que tenho por todas as outras mulheres a quem desejo relações verdadeiramente igualitárias.

Mas não vivo na minha bolha, apartada do mundo e do resto da sociedade. *Também* sou, a cada dia, testemunha da imensa indiferença *dos homens* em relação às mulheres. Sou testemunha dos índices de estupro, de assédio, dos feminicídios, dos debates nas redes sociais, das conversas dos homens que vejo ou com os quais interajo. As decisões tomadas por políticos homens, as palavras utilizadas por artistas homens para falar de nós. As piadas sexistas que fazem rir copiosamente novamente e sempre. Constato que, atrás de cada homem um pouco consciente de seu privilégio masculino, há muitas mulheres que trabalharam muito para abrir seus olhos – e não há muitos deles reconhecendo isso. E constato que há então mais homens cujos olhos estão desesperadamente, obstinadamente fechados.

MISÂNDRICAS, HISTÉRICAS E MALCOMIDAS

As mulheres têm dificuldade de se reivindicar misândricas e, quando o fazem, levam isso de forma muito irônica, uma ironia que não deixam de sublinhar. Parece que é sempre necessário (se) tranquilizar, garantir que estamos brincando e que a gente não odeia *verdadeiramente* os homens. A gente demarca assim o vão que separa a opressão sistêmica que é o patriarcado da ligeira ranhura no ego que representa um insulto misândrico. Odiando os homens, não fazemos mal a ninguém. E, aliás, não os detestamos de verdade, já que temos nosso namorado, nossos irmãos, pais, colegas e amigos, e a gente gosta deles.

Mas a gente ainda nota um certo mal-estar clamar alto e forte – mesmo entre nós em um ambiente feminista – uma hostilidade ou uma desconfiança generalizada em relação aos homens.

Do ponto de vista feminista, antes de mais nada a gente se pergunta: a misandria não é totalmente contraproducente? Ela não prejudica a nossa causa, provando aos nossos adversários e opositores que somos as histéricas malcomidas, irracionais e vingativas que são forçosamente feministas? Qual é nosso interesse ao sermos inimigas dos homens? Não queremos que eles sejam nossos aliados?

Do ponto de vista feminino, então, é difícil. O conflito e a raiva não são muito úteis nem são emoções que a gente controla naturalmente: fomos criadas para ser meninas dóceis e compreensivas. Anunciar de forma abrupta que não gostamos dos homens é encarnar uma raiva maior que você mesma, é se expor aos confrontos, seja com a sociedade em geral, que dá tanto espaço aos homens, a seus pequenos defeitos e a seus crimes, seja com os machões, eles não estão interessados em entender esse ressentimento.

A essas questões legítimas, tenho algumas respostas para fornecer.

Primeiro, temos mesmo a necessidade da aprovação dessas pessoas, os homens que frequentemente esperam que a gente grite mais alto, para que nossas falas sejam validadas? Se nossa misandria nos afasta de certos homens que não podem suportar nossa ira, eles valem mesmo a pena? Eles merecem mesmo todos os nossos esforços? Existem homens que aceitamos escutar porque temos ligações enviesadas com eles, porque seus privilégios estão sendo desconstruídos e porque não gritam assim que nos ouvem dizer que os homens são todos podres. Eles entenderam; eles estão até mesmo de acordo. Esses são os nossos aliados, não aqueles que nos cutucam pelas costas para subir no palco da cena feminista e não suportam que a gente aponte o dedo para seus comportamentos problemáticos.

Muitas vezes confundimos raiva e violência, contudo essas duas palavras não aparecem sempre em par. A raiva de sermos tratadas como inferiores não é comparável com a violência que os homens nos humilham, nos violam e nos matam, nem mesmo com a violência dos homens que nos ignoram, nos viram as costas e riem da nossa cara. Temos muito a ganhar nos afastando do papel limitado de mulheres doces e pacíficas, quase passivas, e exigindo que os homens melhorem.

Por isso, não quero mais me precipitar, tanto na internet quanto cara a cara, para assegurar a todos que de fato, *não*, eu não sou misândrica de verdade, estou brincando, porque tenho humor e não ousaria jamais sugerir que seríamos melhores sem a influência, ou mesmo a presença, dos homens em nossa vida. Na verdade, quando digo que sou misândrica não estou brincando mesmo, então por que fingir o contrário? Não tenho mais vontade de desperdiçar meu tempo e minha energia fingindo ser doce e simpática. Eu não sou muito assim... no fundo, isso não é muito grave.

OS HOMENS QUE NÃO AMAVAM AS MULHERES

Você não precisa chegar ao ponto de se autoproclamar misândrica para receber uma chuva de acusações sobre a sua maneira de direcionar críticas aos homens. É suficiente fazer algumas generalizações, como dizer "os homens" em vez de "alguns homens", mesmo que isso pareça justificável para você em muitos casos. Parabéns, você é misândrica! E, se é misândrica, então você não vale mais que os misóginos. No imaginário coletivo, misandria e misoginia são duas faces da mesma moeda, eu imagino: construídas sobre as mesmas raízes, essas duas palavras devem então sustentar os mesmos princípios, não é mesmo? Bem, não, pois a vida é uma grande farsa.

Se a misandria é a característica de quem odeia os homens, e a misoginia a de quem odeia as mulheres, é melhor admitir que na realidade esses dois conceitos não são iguais, seja em termos de periculosidade em relação aos seus alvos, seja nos meios utilizados para se expressar. (Lembrando que os misóginos usam armas que vão do assédio on-line até os atentados, como aquele da Escola Politécnica de Montréal em 1989;[5] não existe até hoje misandria equiparável à desse evento). A gente não pode comparar misandria e misoginia, simplesmente porque a primeira não existe a não ser em reação à segunda.

É necessário nunca ter olhado em volta de si mesmo – ou ser habitado por uma inacreditável má-fé – para negar abertamente as violências sofridas pelas mulheres e que são, na imensa maioria dos casos, perpetuadas por homens. Isso não é fruto da imaginação, são os fatos. Se a sociedade é patriarcal, é porque há homens que usam de seus privilégios de homens, e isso em detrimento da outra metade da população. Algumas dessas violências são insidiosas – como um barulho de fundo no cotidia-

---

5. A autora se refere ao Massacre da Escola Politécnica de Montréal, ocorrido em 1989, quando Marc Lépine, de 25 anos, invadiu a instituição, portando uma espingarda e uma faca e assassinou 14 mulheres e feriu outras 10, sob a alegação de estar "lutando contra o feminismo". Em seguida, o homem cometeu suicídio. O massacre motivou a mudança na legislação canadense a respeito do porte de armas no país, endurecendo as restrições. [*N. da T.*]

Os homens que não amavam as mulheres | 35

no das mulheres –, tão perniciosas que crescemos com a impressão de que elas são a norma nas relações entre homens e mulheres. Outras, tão óbvias, que às vezes são assunto de manchetes de jornais.

Em 2017, 90% das pessoas que receberam ameaças de morte por parte de seus cônjuges eram mulheres. Ainda em 2017, 86% das vítimas de assassinatos cometidos por cônjuges ou ex-cônjuges eram mulheres. Em paralelo, das 16 mulheres que haviam matado o marido, ao menos 11, ou seja, 69% delas, eram vítimas de violências domésticas.[6] Em 2019, 149 mulheres foram assassinadas por seus cônjuges ou seus ex-cônjuges.

Em 2018, 96% das pessoas condenadas por violência conjugal eram homens, e 99% das pessoas condenadas por violências sexuais eram homens.[7] As mulheres não

---

6. Stop Violences Femmes. "Chiffres de Referénce sur Violences faites aux femmes" [Números de referência sobre violência contra as mulheres]. Disponível em: <https://stop-violences-femmes.gouv.fr/les-chifres-de-reference-sur -les.html>.
7. Stop Violences Femmes (novembro de 2018). "La lettre de l'Observatoire des violences faites aux femmes" [A carta do Observatório da violência contra a mulher] nº 13 – novembro 2018. *Les violences au sein du couple et les violences sexuelles en France en 2017* [Violência por parceiro e violência sexual na França em 2017]. Disponível em: <https://www.stop-violences-femmes.gouv.fr/IMG/pdf/violences_au_sein_du_couple_et_violences_sexuelles_novembre_2018.pdf>.

são as únicas vítimas de agressão sexual e de estupro. É difícil encontrar estatísticas que abordem agressões sexuais cometidas contra homens.[8] O tabu da violência sexual pesa sobre os homens que suportam o peso dos estereótipos sexistas, que ditam que um homem não pode ser estuprado porque os homens estão pretensamente sempre disponíveis para o sexo. Mas também é muito difícil para um homem falar de um trauma de ordem sexual: a sociedade espera dos homens que eles sejam fortes e viris, nada lhes pode ser imposto – senão, não são homens de verdade. Uma grande parte dos estupros são cometidos contra menores de idade,[9] e os autores são, também nesse caso, em sua esmagadora maioria, homens. De fato, seja qual for o gênero

---

8. Em inglês, há uma quantidade substancial de trabalhos acerca da violência contra homens nas prisões por vezes por parte dos outros detentos e outras pelos funcionários da prisão, entre os quais encontramos um número proporcional de mulheres. Isso prova que a violação é também um jogo de poder.
9. Stop Violences Femmes (novembro de 2019). "Violences au Sein du Couple et violences sexuelles. Indicateurs annuels 2018" [Violência no seio do casal e violência sexual. Indicadores anuais de 2018]. Disponível em: <http://www.stop-violences-femmes.gouv.fr/data/Synth%C3%A8se_Violences%au%0sein%du%couple%20et%20violences%20sexuelles_novembre%202019.pdf>.

e a idade das vítimas de violências sexistas ou sexuais – sejam homens ou mulheres, adultos ou crianças –, é *indispensável* que se repita que os autores desses abusos são *sempre em imensa maioria homens*.

Somos obrigados a admitir que hoje poucos homens anunciam alto e bom som que são misóginos ou sexistas. Eles até se defendem, por vezes com uma eloquência rara: "Eu, sexista? Em casa tenho minha mulher, duas filhas, duas gatas e vinte galinhas; eu só tenho mulheres em casa."[10] É senso comum: basta conviver com mulheres para estar automaticamente livre de todo sexismo... Não é muito bem-visto assumir que não se ama as mulheres (nem exigir que elas sejam mais silenciosas e dóceis). Então pode ser um pouco difícil localizar os misóginos que estão ao nosso redor, se eles não ostentam um pequeno crachá luminoso. Podemos, entretanto, pressupor que um homem que assedia, bate, estupra ou mata uma mulher não tem muito respeito por ela – e pelas mulheres de maneira geral. Podemos também argumentar que um homem que não vê muito problema que outros assediem, batam, estuprem ou matem mulheres tampouco

---

10. Em relação a Philipe Fasan, vice-prefeito de Montauban, cidade francesa, em 2017, depois de ser acusado de sexismo na ocasião de uma publicação em sua página do Facebook.

gosta muito delas. Enfim, os homens que acreditam que o patriarcado não é mais do que o fruto da imaginação de feministas, e não uma realidade, fazem igualmente parte do sistema sexista.

Existem alguns momentos nos quais fazer generalizações não é um atalho fácil, mas uma simples descrição da realidade. Aqui, novamente, é preciso ser muitíssimo egocêntrico para reagir apenas com um "mas nem todo homem é estuprador!" quando uma mulher tem o azar de deixar escapar que está farta dos homens. Talvez nem todo homem seja estuprador, mas quase todos os estupradores são homens – e quase todas as mulheres sofreram ou sofrerão violências por parte de homens. Aqui está o problema. Aqui está a origem da nossa repulsa, do nosso incômodo, da nossa desconfiança. Mas também se encontra no fato de que os homens que não estupram façam tudo igual, e também não façam nada.

Quando eles não se responsabilizam pela sua parte da carga mental, e quando, em pleno século XXI, somos sempre as únicas a cuidar das compras, dos filhos e do trabalho emocional em todas as relações. Quando eles não nos dão passagem no espaço público, quando eles o monopolizam como se fosse uma extensão da sua casa, mal nos cedendo os pedaços de rua onde escorregamos sob seu olhar zombeteiro.[11] Quando eles também se recusam a nos dar voz nas conversas, e nos interrompem sem parar, nos respondem com paternalismo, reformulam nossas ideias para se reapropriarem delas, ou ignoram aquilo que nos esforçamos para dizer.

Quando, entre eles, riem de piadas sexistas, porque isso não faz mal a ninguém. Quando dizem que nós talvez quiséssemos, nunca se sabe, às vezes as mulheres que dizem *não* na verdade querem dizer *sim*.

Nós temos, é certo, muitas razões para odiar os homens, se a gente refletir um pouco. Razões apoiadas em fatos. Por que os homens odeiam as mulheres? Há milhares de anos eles aproveitam de sua posição dominante, o que nós fizemos para ainda e sempre merecer a violência deles?

Se a misandria tem um alvo, ela não tem vítimas para colecionarmos estatísticas mórbidas quase todos os

---

11. RENARD, N. (9 de abril de 2012). "Les Attributs du Pouvoir et leur confiscation aux femmes. Le genre et l'espace" [Os atributos do poder e seu confisco das mulheres. Gênero e espaço]. Disponível em: <http://antisexisme.net/2021/04/09/le-genre-et-lespace>.

dias.[12] Nós não matamos nem machucamos ninguém, não impedimos nenhum homem de ter a profissão e as paixões que ele deseja, de se vestir como ele quer, de andar ao anoitecer e de se expressar como ele bem entende. E, ainda, quando alguém se dá ao direito de impor isso aos homens, é outro homem, e isso é um padrão no heteropatriarcado.

Nós somos misândricas em nosso canto. Quando odiamos os homens, na melhor das hipóteses continuamos a tolerá-los com indiferença, porque eles estão por toda parte e temos que nos dar bem com eles (inacreditável, mas é verdade: nós podemos odiar alguém sem ter a vontade irreprimível de matá-lo). Na pior das hipóteses, nós paramos de convidá-los para a nossa vida – ou então fazemos uma drástica seleção de antemão. Nossa misandria dá medo nos homens, porque ela é o sinal de que eles devem começar a merecer nossa atenção. Que estar com um homem não significa ter uma dívida, não é um dever da nossa parte, como toda relação equilibrada, ela precisa que todas as partes interessadas façam um esforço para tratar o outro com respeito.

---

12. Como faz o coletivo Féminicides par Compagnons ou Ex [Feminicídios por companheiros ou Ex] desde janeiro de 2016, veja @FeminicidesFR no Twitter.

Enquanto existirem homens misóginos, homens que lavam as mãos, e uma sociedade que os aceita e os encoraja, haverá mulheres que, cansadas, recusarão as despesas das relações esgotantes e, às vezes, até mesmo perigosas.

DEIXE A RAIVA DAS MULHERES RUGIR

Não tenho lembrança de sentir raiva com frequência quando era pequena. Devo ter sentido quando era bebê; dizem que, quando criança, eu era tão bem-comportada como uma fotografia. Acho que me fizeram acreditar muito rápido que eu não podia sentir raiva. Nenhuma mulher ao redor de mim sentia, muito menos alguma menina. Eu digo "nenhuma mulher" porque não estou contando a raiva maternal dirigida contra os filhos. Essa raiva específica faz parte de um sistema complexo, no qual a carga mental e a distribuição desigual das tarefas ligadas à educação provocam nas mães mais situações de raiva do que nos pais, que geralmente cuidam dos momentos mais legais da paternidade.

Minha mãe sabe ficar com raiva. É ela que pega o telefone para resmungar com os provedores de internet, que explica pausadamente com uma voz fria o que está errado e o que ela precisa, até ganhar o caso. Ela utiliza essa voz com os comerciantes desonestos, os alunos que colam nas provas e em seguida negam ter colado (ela é professora), com os colegas pouco agradáveis... Eu dizia que isso era seu poder mágico, e me dei conta um pouco tarde de que era uma grande força, quando eu mesma não ousava utilizar o mesmo tom para reclamar uma dívida em uma situação social onde tentavam me enganar.

Por outro lado, acredito que, no momento dos conflitos com pessoas próximas e importantes (por exemplo: o marido dela, meu pai), minha mãe tinha dificuldade de expressar raiva. Tanto quanto eu, ela reclama e em seguida chora, em uma espécie de escalada *express* das emoções, que passa da irritação à chuva de lágrimas – e que não expressa, no final, qualquer coisa de discernível. Enfim, é assim que vivo isso, já que utilizo frequentemente a mesma técnica (com meu próprio marido), e ela está fadada ao fracasso. Talvez porque seja difícil expressar as reprovações ou as críticas a alguém que a gente ama e com quem a gente vive no cotidiano. Talvez porque é difícil expressar as reprovações ou as críticas a *um homem*.

A raiva dos homens é espetacular. Ela se manifesta às vezes em gritos, e em pancadas contra objetos materiais, na maior parte dos casos – mas nem sempre, as inúmeras mulheres que apanharam do marido são testemunhas. Em suma, a raiva dos homens é repleta de agressividade. Estimulamos os rapazes a sentir raiva – é sempre melhor que chorar como uma garotinha – e revidar. No cinema, e às vezes na vida, quando um garoto é insultado, ridicularizado ou apanha de outro garoto da escola, seu pai, ou uma outra figura masculina muito viril, o incita a responder através da violência física: é assim que nos defendemos quando somos garotos.

Quando eu estava na escola, uma menina que implicava comigo por uma razão qualquer me deu uma bofetada na frente de todo mundo, antes de ir embora. Se fôssemos garotos, os colegas que estavam em volta de mim teriam me estimulado a revidar, e isso terminaria na tradicional briga de recreio. Mas éramos garotas, e depois do choque inicial da violência desse gesto ter *vindo de uma garota*, partilhado pelos adolescentes e pelos adultos, fui especialmente aconselhada a esquecer o que tinha acontecido. Nunca me passou pela cabeça correr atrás da menina e lhe dar um tapa. Eu me senti humilhada e triste por ela não gostar de mim. Mas não estava com raiva.

Só redescobri a raiva bem mais tarde, ao me tornar feminista. Descobri que, com frequência, o que me fazia chorar deveria ter me feito gritar, e, quando eu chorava de tristeza diante de uma injustiça em um conflito, de certa maneira me resignava a perder. Para melhor servir aos meus próprios interesses, eu mudei: e aprendi a revidar. Não que os conflitos sejam batalhas, mas existem causas que merecem que a gente não se conforme. É evidente que, desde que comecei a sentir raiva, fui censurada.

Na intimidade, as brigas conjugais de casais mulher/homem são o teatro exemplar das socializações diferentes. Vemos pessoas incapazes de administrar um conflito sem que o tom aumente, porque nunca é agradável ouvir uma reclamação formulada contra você mesmo. Mas também porque não há uma boa manifestação da raiva quando uma mulher forma um casal com um homem. Se choramos ao expressar certo desespero diante de uma situação que parece condenável pelo *status quo* (isso é o que tenho tendência a fazer), então somos muito emotivas, fazemos drama sobre uma coisa pouco grave. Se ficamos raivosas para expressar com mais nitidez algo que não está bem e exigir que isso mude, somos consideradas violentas e não somos mais escutadas, com o famoso argumento: "Eu não te entendo quando você grita." Em todos os casos temos a impressão, quando discutimos com os implicados, que são as mulheres que estão frequentemente na origem das discussões conjugais nos casais hétero. Em lugar de interpretar isso como uma tendência biológica das mulheres de procurar cabelo em ovo, seria melhor se nos interrogássemos sobre a origem desses conflitos. Poderíamos dizer que esse é o ponto de partida para resolver situações de desequilíbrio. E que diante da carga mental, por exemplo, em que os homens têm a tendência de não escutar o que as mulheres dizem, elas não têm outro recurso senão ficar mais agressivas. Acusar as mulheres de criar discórdia é desonesto, além de ser manifestadamente sexista.

Porque os conflitos em si são bastante positivos. Isso implica, é claro, que há um problema na relação, mas também que há o desejo de colocar as cartas na mesa para que ele seja resolvido. Quando um conflito explode em um casal e ele tem origem na vida doméstica, há frequentemente uma mulher angustiada que dá sinal de alarme e um homem que escolhe entender apenas a forma – o choro ou os gritos –, para então fazer pouco-caso. É uma maneira de não ouvir a crítica e, portanto, de recusar se colocar em questão. Os homens que escolhem o terreno da razão, em contraste à emoção, se colocam em uma posição de autoridade. Apenas os dominantes podem se dar ao luxo de ser razoáveis e calmos em todas as circunstâncias, porque não são eles que sofrem. Não entender as emoções de um interlocutor é uma escolha. Aquele que não quer compreender a sua origem, se recusa a encarar que podemos ser responsáveis.

É claro, nem todos os conflitos em um casal mulher/homem tem origem na carga mental ou emocional, nem todo homem escolhe tapar as orelhas para responder as críticas formuladas pela sua companheira. Não quero dizer que as mulheres nunca estejam erradas em um conflito.

Há, contudo, um tema que se repete, veja a emergência de depoimentos sobre o assunto, em todos esses "pequenos nadas" do cotidiano que sufocam as mulheres: as contas de Instagram (como *T'as pensé à?* [Já pensou sobre?], da militante Coline Charpentier, que relata o fardo da carga mental), os artigos de jornal sobre a dificuldade de ser feminista em casal com um homem...[13] Esses pesos que nos propagam não são fruto da nossa imaginação, o que quer que digam os homens do nosso entorno – e às vezes a voz baixinha em nós mesmas, que gostaria que nos encaixássemos em vez de gerarmos conflitos.

A misandria nasce e é alimentada pela raiva. As feministas sempre fizeram a ligação entre a raiva privada, que pertence ao espaço doméstico, e a raiva pública: "o privado é político", desde a diferença salarial até a lavagem das roupas. Durante muito tempo, entretanto, nossa cólera de mulheres não pôde se expressar senão como cólera feminista. Porque não amamos verdadeiramente as emoções que transbordam, sobretudo quando vêm de mulheres, levou um longo tempo para conseguirmos reabilitar essa raiva feminina. Ela começa a encontrar seu lugar, a quebrar o tabu que a envolve há séculos: nós

---

13. LEPORTOIS, D. (7 de outubro de 2019). "Le Couple ou Les Convictions, une féministe hétero aura difficilement les deux" [O casal ou as convicções, uma feminista heterossexual dificilmente terá os dois]. Disponível em: <http://www.slate.fr/egalites/le-feminisme-lepreuve-du-couple-hetero/episode-I--repartition-inequitable-taches-enre>.

escrevemos sobre ela,[14] nós encontramos as raízes, nós a comparamos com a raiva masculina, ela *existe*. Devemos valorizar esse lugar e atiçar em nosso peito o fogo das nossas raivas, que demandam justiça, que exigem reparação, que nos exortam a não ceder à resignação. É a nossa raiva que responsabiliza os homens por suas ações e dá ímpeto a todas as nossas revoluções.

---

14. Para citar apenas uma obra: *Libérer la colère* [Libere a raiva], organizada por Geneviève Morand e Natalie-Ann Rouy, Éditions du Remue-Méninge, 2018.

MEDÍOCRE COMO UM HOMEM

Uma vez avaliada a importância da minha raiva contra os homens, me encontro desarmada. O que fazer com todos esses indivíduos medíocres que estão ao meu redor? Jogá-los direto na lixeira de não recicláveis não seria um risco de criar na minha vida um vazio impossível de ser preenchido? Haveria outra solução além de me isolar em uma cabana abandonada no meio de uma floresta?

Aqui vai um furo exclusivo: a humanidade não é toda composta de homens. É difícil acreditar o tanto que eles ocupam de espaço e o tanto que convencem todo mundo de que são indispensáveis. Sem pânico, dispensando boa parte dos homens, nos damos conta de que em nosso entorno existem muitas mulheres maravilhosas (a começar por nós mesmas, aliás), que a onipresença masculina, ruidosa e nociva nos impedia de reparar e valorizar.

É louco o que podemos esquecer quando estamos esmagadas pelo peso da importância masculina no cotidiano. Talvez eles não sejam todos mal-intencionados, mas é difícil lutar contra a ideia, impressa desde muito cedo em nosso espírito, de que a opinião dos homens, às vezes um simples transeunte na rua, é mais importante que a nossa. Mesmo nos relacionamentos que consideramos igualitários, somos inúmeras policiando quem somos e como nos mostramos ao mundo para agradar aos homens do nosso entorno. Compramos roupas *sexy*, mas desconfortáveis para "ficarmos sedutoras" aos olhos do nosso parceiro. Reprimimos nossa irritação quando ele deixa o leite fora da geladeira mesmo tendo sido lembrado quinze vezes de colocar no lugar, porque, afinal, não somos sua mãe[15] – e é cansativo reclamar

---

15. É engraçado que essa expressão apareça com tanta frequência nas histórias das relações heterossexuais. É o grito do coração das mulheres que enfrentam os homens-crianças, incapazes de assumir o comando sozinhos; é a rejeição desse papel maternal que não tem motivo para existir entre adultos, mas que tantos homens buscam. Mas isso é também uma maneira de transferir a culpa para a ausência da mãe, que deveria ter feito um trabalho melhor ao educá-lo. *E quanto ao pai? Que tal* o homem adulto que tem a capacidade de dar conta de suas responsabilidades?

por ninharias. Nós nos impedimos de contrariar um homem em uma conversa para não colocá-lo em uma situação embaraçosa, ou porque não temos muita confiança na nossa opinião. Aceitamos a contragosto as práticas sexuais que nos deixam aborrecidas, porque devemos apimentar a relação, ou, ao contrário, omitimos nossos desejos e enterramos nossos fantasmas para não abalarmos a imagem respeitável que as mulheres devem passar.

Já não somos mais nós mesmas quando nosso cursor interno não é mais regido pelo que o nosso coração e a nossa cabeça nos dizem, mas pela opinião arbitrária não somente de um, mas de uma série de homens que passam pela nossa vida.

Há algum tempo, minha vida é guiada por uma máxima popular de grande sabedoria. "Tenha a confiança de um homem medíocre."[16] Quando sinto dúvida, penso mais uma vez em todos os homens medíocres[17] que se

---

16. Foi no Twitter, em 2015, que a autora racializada Sarah Hagi disse: "DAILY PRAYER TO COMBAT IMPOSTOR SYNDROME: *God give me the confidence of a mediocre white dude*" [REZA COTIDIANA PARA COMBATER A SÍNDROME DE IMPOSTORA: Deus me dê a confiança de um homem branco medíocre].
17. Vocês sabem bem de quais homens eu estou falando.

deram bem ao passar sua mediocridade por competência, por meio de um truque chamado arrogância. Essa audácia dos escroques, antítese da nossa síndrome de impostora, é a condição dos homens. Ela nos causa raiva quando, ao contrário, estamos constantemente aterrorizadas com a ideia de apresentar argumentos com os dados errados; de não ter lido o bastante sobre tal assunto para poder falar com legitimidade; de não ser suficientemente instruída ou experiente para trabalhar em tal cargo. Isso é irritante, porque esses homens medíocres tomam o lugar de pessoas mais preparadas com seu *bullshit* e seu ego superinflado. Se por um lado fomos educadas para duvidar de nós mesmas incessantemente, os homens cresceram com a garantia de que eles conseguiriam com frequência vender gato por lebre – ou, ao menos, camuflar suas lacunas. Tomo como exemplo um estudo feito pelo LinkedIn,[18] por meio do qual compreendemos que, diante de uma vaga de trabalho,

---

18. DUPORT, P. (15 de maio de 2019). "Offres d'Emploi: les Femmes Postulent moins solvent que les hommes" [Empregos: as mulheres aplicam menos solvente do que os homens]. Disponível em: <http://www.francetvinfo.fr/replay-radio/c-est-mon-boulot/offres-d-emploi-les-femmes-postulent-moins-souvent-que-les-hommes_3425639.html>.

os homens terão uma tendência maior "a tentar a sorte" e a "vamos ver no que dá", ao passo que as mulheres "não vão a não ser que tenham certeza de ser a pessoa certa para aquele *job*".

Há uma moral nessa história, um ideal sobre o qual todas nós podemos nos debruçar. É parar de nos desvalorizar, ousar mais vezes, e sempre, sempre nos perguntar quando estamos afundadas em dúvidas: *o que um homem medíocre faria?*

Honestamente, ter a confiança de um homem medíocre significa sermos mais amáveis conosco. Se tantos caras podem fazer seu caminho no mundo sem nem mesmo se aproximar da perfeição em qualquer área, talvez seja tempo de nos autorizarmos a também fazer concessões. Onde estão os homens que se sentem culpados até não dormirem mais porque deixaram o filho com a sua parceira por conta de uma viagem profissional? Onde estão os homens que refletem por duas semanas sobre um confronto com um(a) colega, com medo de ter sido muito direto? Não quero dizer que em termos de relacionamento a gente deva se rebaixar ao nível abissal da maior parte dos homens. Já é hora de parar de nos sentirmos culpadas por não ser a mulher-maravilha que se desdobra em santa; é o momento de nos deixarmos ser humanas com alguns defeitos. Os padrões são muito baixos para os homens, mas para as mulheres são muito altos. Reservem-nos o direito de sermos feias, malvestidas, vulgares, maliciosas, coléricas, desarrumadas, cansadas, egoístas, relapsas…

Não dar importância aos homens nos permite visualizar a sua profunda incompetência e ousar ultrapassá-los. Insensíveis aos seus artifícios, podemos enfim tomar o lugar que temos por direito.

A ARMADILHA DA HETEROSSEXUALIDADE

A imposição da heterossexualidade é tão danosa que, não contente de nos impelir a só nos relacionarmos com homens, também nos intima a nos engajarmos em relações com homens sem qualquer razão válida. É certo, existe o amor – não estou em posição de negar sua existência. Mas o amor não é, e jamais foi, o único fator no processo que impele as pessoas a se tornar casais.

Desde a infância, meninas e meninos são condicionados(as): esperamos que as crianças tenham um namorado ou uma namorada. Mesmo na idade na qual essa expressão não faz nenhum sentido, a questão ecoa: "Então, você tem um namoradinho?" Com 4 anos "ter um(a) namorado(a)" não quer dizer nada além disso: "possuir" alguém que chamamos assim e sobre o qual podemos guardar segredo, de uma maneira totalmente irracional e não verdadeiramente ancorada na realidade. Ensinamos às crianças desde cedo que não ter um(a) namorado(a) é uma coisa meio séria – felizmente, nós os fazemos entender que têm tempo até lá. Mas nunca damos a opção de eles/elas não quererem namorados(as). Com as meninas, é reforçada uma série de clichês e imposições veiculadas pelas mídias que elas consomem, desde a princesa adormecida, que aguarda o beijo de um príncipe para voltar a viver, até a bruxa má isolada, que devora os filhos dos outros. Os meninos crescem com uma visão formada por mais nuances, graças a um imaginário povoado de heróis solitários que realizam coisas grandiosas, e que às vezes têm até mesmo superpoderes. A mensagem básica é mais ou menos a mesma, mas os meninos têm mais oportunidades de desenvolver outras possibilidades. Eles estão menos confinados a uma projeção de si mesmos em uma solidão ultradeprimente e inerte, porque seu valor intrínseco não é condicionado pelo de sua namorada ou esposa. Eles também são encorajados a ser *atores* dessa vida agitada, a apropriar-se de seus sonhos com garra; a dar tudo de si para enfrentar os obstáculos. As meninas esperam o príncipe encantado. Mais tarde, achamos estranho que uma mulher dê o primeiro passo em uma relação amorosa. (E achamos escandaloso que uma mulher conheça e exprima seus desejos.)

Para as mulheres, há uma *necessidade* de fazer parte de um casal, porque uma mulher sozinha não tem tanto valor aos olhos do mundo quanto uma mulher que pertence a um homem. Supomos que mulheres solteiras e sem filhos são egoístas e amarguradas, enquanto suas irmãs casadas e sua mãe têm toda a liberdade para exercer sua generosidade e gentileza naturais. Gastamos muita energia tentando convencer as mulheres de que estar em uma relação com homens é a coisa mais benéfica que pode acontecer a elas – e elas se deixam convencer disso, pois o fantasma da velha dos gatos flutua, sinistro, sobre sua existência de solteira.

Contudo, parece que as mulheres solteiras e sem filhos são as pessoas mais felizes.[19] Isso não chega a surpreender se conseguirmos imaginar uma vida cuja única carga mental que pesa sobre nós é a que diz respeito à

---

19. CAIN, S. (25 de maio de 2019). "Women Are Happier Without Children or a Spouse, Says Happiness Expert" [Mulheres são mais felizes sem filhos ou um cônjuge, diz o especialista em felicidade]. Disponível em: <http://www.theguardian.com/lifeandstyle/2019/may/25/women-happier-without-children-or-a-spouse-happiness-expert>.

nossa própria pessoa, e não sofremos da decepção de ter um companheiro mal-humorado para fazer bem seu papel de parceiro. Paul Dolan, professor de ciência comportamental, diz o seguinte no começo do estudo citado anteriormente: "Você vê uma mulher solteira de 40 anos que nunca teve filhos e diz para ela: 'Poxa, é uma pena, não? Talvez um dia você ache o homem ideal e isso mude.' Não, talvez ela encontre o *cara errado* e isso mude. Talvez ela encontre um cara que a fará *menos feliz* e saudável, e ela morra mais cedo."[20]

Se impelimos tantas mulheres a se jogarem nos braços dos homens, é justamente para garantir a felicidade, ou ao menos o bem-estar, dos homens. Persuadindo as mulheres de que elas só podem se abrir para relações heterossexuais, nós as fixamos, as encurralamos. Elas não têm mais confiança em si mesmas.

---

20. A tradução livre a partir de: "*You see a single Woman of 40, who has never had children – 'Bless, that's a shame, isn't it? Maybe one day you'll meet the right guy that'll change. Non, maybe she'll meet the wrong guy and that'll change. Maybe she'll meet a guy who make her less happy and healthy, and die sooner.*" Disponível em: <https://www.huffingtonpost.ca/entry/single-childless-women-happier-healthier_ca_5ced5882e4b0bbe6e3340b30>.

Quando as mulheres se autorizam a viver o celibato como uma experiência de vida como qualquer outra, e não como um castigo, com suas falhas mas também com suas vantagens, elas (re)descobrem que não precisam "de um homem", não importa qual homem, em sua vida. Elas se alimentam da autonomia e da liberdade próprias. E quando encontram um parceiro, não é porque *precisavam* de um, mas porque diante delas está uma pessoa com quem *realmente* têm vontade de se comprometer, em uma perspectiva de realização mútua. Não porque estar sozinha é uma coisa aterrorizante e que o senhor precisa de alguém para lavar suas meias e gerir sua agenda.

A heterossexualidade é uma armadilha que acredita em uma relação íntima obrigatória sem outra possibilidade, natural por essência, sem se questionar sobre o que dá sentido a uma relação para todas as partes envolvidas. Enfiar-se em uma relação heterossexual monogâmica não é mais natural do que usar roupas ou ir de bicicleta para o trabalho de manhã. Há muito tempo é dito às mulheres que a sua realização só pode ser alcançada por meio da intervenção de um homem – mesmo que ele seja insensível, indolente e inteiramente insignificante: tudo, em vez de ficar sozinha.

Experimentemos a alegria de viver por e para nós mesmas e encontremos as boas razões para nos engajarmos em uma relação, afastando o mecanismo automático que nos faz temer estar sozinhas. Cultivemos nossas redes de relações não românticas fortes, profundas e sinceras, que nos permitem ser rodeadas e amadas sem estar em um relacionamento. Aprendamos nossos limites, o que é aceitável a nossos olhos e o que não é, e aprendamos a fazer entender esses limites. E porque não é o caso de dizer que toda relação heterossexual está condenada a ser um estorvo (eu sou uma pessoa otimista), podemos esperar que, ao estar em sintonia com nossas expectativas, teremos mais chances de encontrar parceiros que nos merecem, para que a relação amorosa esteja embasada – assim como qualquer relação pessoal – não sobre a posse e a exploração do outro, mas sobre o respeito, a escuta e o suporte mútuo. Mais que tudo, parceiros que compreenderão a importância das nossas redes femininas.

IRMÃS

Quando eu era um pouco mais jovem, me gabava de não ser uma garota igual às outras. Eu não partilhava muito das paixões comumente consideradas femininas e, como não me sentia à vontade nos grupos de meninas, tentava ter um ar *cool* junto dos garotos. E o que é melhor para se ter um ar *cool* do que desprezar abertamente "aquelas garotas"? Existia uma aura particular em torno desses grupos de garotos, parecia muito mais interessante ser colega deles. Bom, percebi rapidamente que eu também não me sentia muito à vontade nos ambientes muito masculinos – a culpa talvez tenha sido de alguns homens que se aproveitaram do meu desejo de agradar para tirar vantagem de mim. O fato de me dissociar "daquelas garotas", procurando a aprovação dos homens, não impediu que eu me tornasse uma amiga muito lastimável.

Como reconciliar nosso hábito profundamente arraigado de confiar nos homens e de querer agradá-los com a realidade? Todas nós conhecemos ao menos uma mulher que foi vítima de agressão sexista uma vez na vida. Não podemos ser as boas amigas para as mulheres à nossa volta e deixar os homens em seu pedestal imerecido. Se continuarmos a idealizar os homens, podemos tentar o quanto quisermos, com toda a boa vontade que pudermos colocar nisso, sempre haverá um fosso entre o que nossas amigas têm o direito de esperar de nós e o que podemos lhes oferecer.

Para mim, de agora em diante, a prioridade é ser uma presença forte para as mulheres do meu entorno. Quero que elas possam se sentir seguras na minha companhia, que saibam que, se forem vítimas de uma agressão sexista, estarei sempre do seu lado. Acreditarei nelas, sem questionar por um instante a verdade do que elas dizem. Não tentarei minimizar o que elas viveram nem tentarei lhes atribuir responsabilidade. E isso mesmo que eu conheça o autor da agressão, ainda mais se eu o conhecer de outro lugar. Quero lhes dizer que não terão por que temer que eu peça explicações para elas, ou que eu tente a todo custo continuar em contato com seu agressor. Eu me recuso a ser como as pessoas que pensam que uma agressão, entre casais, por exemplo, é uma questão de ponto de vista, ou de foro privado.

Essa prioridade que tenho de ser uma pessoa de confiança para as mulheres acabou por se tornar uma urgência, e não apenas em situações traumáticas, não só na tristeza. Faço da sororidade a minha bússola, pois tenho ao redor de mim mulheres radiantes, talentosas, apaixonadas, inacreditavelmente vivazes, que merecem todo meu suporte e todo meu amor. Escolho dar, a elas e às mulheres como um todo, essa energia relacional, pois os homens não precisam de mim para se sentir validados, confortados em suas escolhas de vida, seguros de seu valor. E porque há nas relações femininas uma reciprocidade natural. Sei que posso contar com todas as amigas que já solicitaram um pouco do meu tempo para lhes ajudar. Sei que se estiver para baixo, se estiver duvidando de mim mesma ou se me acontecer qualquer coisa de grave, não vou carregar isso sozinha, só preciso pegar meu telefone para receber todo o suporte que eu preciso dessas mulheres.

Não posso dizer o mesmo dos homens com quem tenho contato e, no entanto, tenho contato com homens bastante benevolentes. A simpatia deles tem um limite, a capacidade de escuta e de dar atenção também. Os homens vão querer me dar soluções, pautar todos os meus problemas, racionalizar minhas dores, quando eu só precisaria de um ouvido bondoso e de um ombro sobre o qual eu pudesse chorar. Às vezes me pergunto se essa tendência masculina de se colocar como um provedor de soluções – como um salvador – não é uma tentativa, mesmo que inconsciente, de me silenciar.

Passei muito tempo dando prioridade aos homens: eles tomaram todo meu tempo sem me dar muito em troca, me demandaram constantemente ser melhor a seus olhos, sem procurarem ser melhores. Compreendi que sim, eu dava muito espaço para eles em minha vida, e não era prioridade na deles. Eles sempre virão antes da estima que têm por mim. Agora, privilegio as mulheres. Nos livros que leio, nos filmes que vejo, nos conteúdos que consumo, nas minhas relações cotidianas, para que os homens não tenham mais tanta importância. Privilegio essa sororidade que me faz bem e que me sustenta, que me nutre. Na minha criatividade, na minha militância, nas minhas reflexões sobre eu mesma e sobre a sociedade, tantas áreas em que, enfim compreendi, eu não preciso dos homens para me erguer.

ELOGIO DAS "REUNIÕES TUPPERWARE",[21] DAS NOITES DE PIJAMA E DOS NOSSOS "GIRLS CLUB'S"

Os agrupamentos de mulheres são sabás de bruxas. Despolitizados, são considerados pelos homens como fúteis e ridículos. Portadores de uma luta, tornam-se excludentes e ameaçadores. Em todos os casos, os homens desdobram todos os seus esforços para impedi-los.

---
21. *Réunions Tupperware* significa "reuniões Tupperware", fazendo referência à marca estadunidense de potes de plástico herméticos que chegou à França na década de 1960. O plástico era uma novidade e, para se popularizar, a empresa utilizou uma estratégia inovadora: uma moradora de um bairro era responsável por difundir a marca, apresentando-a a vizinhas em reuniões. Ela falava um pouco sobre o produto, e depois seguiam conversando sobre qualquer assunto – com o tempo foi se tornando uma desculpa para se encontrarem. Ao final, era bem-visto que as convidadas comprassem ao menos um Tuppeware. Mais tarde, a expressão ganhou mais significados em francês e tomou outros contornos. Hoje é usada para designar reuniões de mulheres que se encontram para falar sem parar sobre tudo e sobre nada. [*N. da T.*]

Escandalizados pelos eventos que se desenrolam em nossos encontros não mistos, esses homens (sobretudo os mais privilegiados), pelo tempo que estiveram no poder, não se privaram, contudo, dos grupos que excluem as mulheres e todas as pessoas que não se pareçam com eles. Esses são os mesmos homens que querem estar em todos os acontecimentos – penetras que se enfiam nas festas sem se perguntarem se é educado chegar sem ser convidado. Esses senhores não conseguem tolerar ser mantidos longe dos nossos círculos, mesmo quando não têm nada para fazer por lá.

As masculinidades tóxicas que nos oprimem são forjadas nesses círculos masculinos fechados. Desde os clubes de futebol até as fraternidades estadunidenses (e as pedantes versões francesas, as organizações de estudantes de medicina, por exemplo), passando pela *Ligue du LOL*[22] e a maioria das instâncias de governo através do

---

22. *Ligue du LOL*, ou "liga rindo alto", é o nome de um grupo privado do Facebook composto majoritariamente de jovens homens profissionais da comunicação parisienses. Eles foram acusados de cyber-assédio. Suas vítimas são escolhidas por conta do gênero, aparência física, religião, etnia ou orientação sexual. Disponível em: <https://www.liberation.fr/checknews/2019/02/08/la-ligue-du-lol-a-t-elle-vraiment-existe-et--harcele-des-feministes-sur-les-reseaux-sociaux_1708185/>. [*N. da T.*]

mundo, quando os homens são deixados sozinhos entre si é que desenvolvem seus piores defeitos. Se lhes dermos ouvidos, eles não fazem nada além de aproveitar, eles se divertem e se ajudam mutuamente. Na verdade, eles exacerbam sua virilidade para conhecer seu poder e consolidar a sua rede, tudo em uma grande briga de galos. Ou, antes, em uma grande corrida, já que jamais machucariam um deles nesse processo. Se a sua carteirinha de membro do *boy's club* [clube do Bolinha] deve ser feita a custo do desprezo pelas mulheres e minorias, por que se poupar? Nada pode acontecer com eles – ou muito pouco.

Enquanto cultiva um eu-interior masculino nefasto e redutor, os homens nos privam de nós mesmas e de nossas semelhantes. Quando ficam indignados com nossas reuniões feministas exclusivas para mulheres, o que estão nos censurando de verdade é o fato de nos agruparmos em um corpo político em que eles não têm voz ou direito de opinião. Não é, na verdade, o fato de nos reunirmos entre mulheres que os choca: quando são clubes de tricô, associações de mães ou "reuniões de Tupperware", eles não ficam nada interessados. O que não suportam, o que os aterroriza mesmo, é que nos organizemos, que nos reunamos e que formemos uma massa política de onde emergem ideias e planos de ação. E que nós não concedamos a eles nenhuma importância.

Nossos momentos "entre garotas" são ridicularizados e desprezados pelos homens, como se eles não fossem nada além da expressão da futilidade essencial feminina – como se beber uísque jogando poker fosse intelectualmente mais grandioso. Mas esses momentos não são estúpidos e estão longe de ser inúteis. Nossos clubes de tricô e nossas noites do pijama são importantes e geniais.

Pois a solidariedade das mulheres jamais é fútil, ela é sempre política. Nós anunciamos alto e bom som e escrevemos em nossos cartazes não porque isso é novo, mas para sair à luz. Para reivindicar o que foi feito durante todo o tempo que os homens nos excluíram. Eles se esforçam para nos manter longe umas das outras e, fazendo isso, nos afastam do espaço público e da esfera política. Eles fizeram isso abertamente no passado e continuam fazendo-o mais, às escondidas. Zombando de nossos encontros femininos, tentando diminuir o valor que essas reuniões têm aos nossos olhos, tentando nos fazer acreditar que somente a companhia deles deve ser suficiente para nós e nos contentar.

Nos espaços femininos cultivamos a sororidade. Talvez sejamos superficiais, e talvez a gente fale de roupas, de cozinha e de costura. Não é porque essas áreas de interesse são consideradas femininas que são ruins, nem que deveriam ser abandonadas. Só porque os homens pensam que as caçarolas são coisas de mulher que devemos deixar de amar aquilo que amamos na esperança de nos libertar. Debaixo dessa aparente superficialidade, grandes atos estão sendo executados.

Temos o poder de criar espaços-tempo dentro dos quais não servimos aos interesses dos homens. Onde, fora do nosso campo de visão, eles não podem nada mais que flutuar no ar, e somente se nós os invocarmos. Onde somos livres para falar deles se isso nos apraz, e também de não falar nada sobre eles: pelo contrário, darmos espaço para todos os outros assuntos do mundo e da nossa vida. Há aí a certeza de encontrar o alimento metafísico que tanto precisamos, pois esses *no men's land* [não espaços para homens] são zonas onde nossos temores, nossas alegrias e nossas raivas têm o direito de existir. Há, sobretudo, a recusa de estarmos divididas, em um mundo onde as mulheres não existem a não ser em oposição umas às outras.

Mulheres, vamos juntas: nossas forças combinadas são formidáveis e temidas.

Acredito que não devemos mais ter medo de falar abertamente e de viver nossas misandrias. Odiar os homens e tudo o que eles representam é nosso mais pleno direito. Também é uma celebração. Quem poderia imaginar que haveria tanta alegria na misandria? Esse estado de espírito não nos torna amargas nem solitárias, ao contrário do que a sociedade patriarcal quer que acreditemos. Penso que o ódio aos homens nos abre as portas do amor pelas mulheres (e por nós mesmas) sob todas as formas que isso possa assumir. E que nós precisamos desse amor – dessa sororidade – para nos libertar.

AGRADECIMENTOS

Caroline e Martin me propuseram escrever este livro e participaram, ao mesmo tempo, da realização do meu pequeno-grande sonho de infância. É com muita emoção que eu os agradeço pelos conselhos e críticas, pelas trocas ricas em reflexões e pela confiança. Saúdo Anaïs: sem ela, eu não teria jamais escrito algo sério, e tê-la como amiga e parceira de escrita é um tesouro. Envio meu carinho à Lucie, que releu o início desta obra e me trouxe um olhar exigente e precioso – ela é também, como por acaso, uma amiga formidável. Um agradecimento infinito à minha irmã Mariane, sempre presente para me salvar de um pânico existencial (tive muitos durante a escrita deste livro) e de quem eu sou tão orgulhosa.

Quero também agradecer do fundo do coração às minhas amigas Laetitia, Nepsie, Bené e Sarah, cujos entusiasmo e suporte me ajudaram, regularmente, a encontrar fé nas minhas palavras. Um alô ao grupo das Meufs[23] seguras, que me permitiram conservar minha saúde mental durante o confinamento: nosso *girl's club* [clube da Luluzinha] digital foi uma bênção. Às mulheres do *L'Échappée*, coletivo de luta contra as violências sexistas e sexuais, envio minha admiração: seu engajamento, sua coragem, sua radicalidade, mas também sua doçura e sua bondade, no individual e no coletivo, são fontes permanentes de inspiração.

Um obrigada a todas as pessoas que me ajudaram no *Tipeee* e que me ajudam a construir, pouco a pouco, uma vida feita de escrita.

Um obrigada cheio de amor à Mathieu, por ter sido o primeiro de nós dois a acreditar em mim.

E, é claro, um obrigada a Eleven, por ser o gatinho mais gracioso da Terra, meu farol na noite (mas se você pudesse parar de arrancar o isolamento da porta, eu ficaria superagradecida).

---

23. *Meuf* é uma forma de dizer *femme* ("mulher") em verlan. Verlan é uma linguagem francesa em gíria que consiste na inversão dos fonemas e sílabas das palavras. [*N. da T.*]

PARA IR MAIS LONGE...

Se você pensa em uma vida um pouco menos influenciada pelos homens, elaborei uma pequena lista de obras em diversas mídias que desafiam (mais ou menos sutilmente) a hegemonia masculina. Geralmente, ao mesmo tempo, estes livros, podcasts, séries e filmes enfatizam laços femininos fortes e únicos. Coincidência? Eu não acho.

LIVROS

- *As anônimas: para todas as garotas do mundo,* de Amy Reed
Leitura para empoderamento de adolescentes; ênfase na energia das jovens mulheres de hoje

para lutar contra o que parece imutável. Um discurso impactante contra a cultura do estupro e as imposições ligadas à sexualidade.

- *Sorcières* [Bruxas], de Mona Chollet
Este ensaio, que não precisa de introdução, restaura o gosto pela solidão, pela sororidade, por ser uma mulher para si própria e para mais ninguém. Envelhecer em paz, recusar a maternidade, aproveitar os saberes ancestrais... todo um programa, não? Sejamos bruxas!
- *Dans la fôret* [Na floresta], de Jean Hegland
Um romance pós-apocalíptico publicado no fim do século passado, que dá uma visão da vida sem a presença dos homens, sem o capitalismo, mais próxima da natureza e de nossas irmãs. Não seria tudo perfeito, mas talvez houvesse um pouco mais de bondade.
- *Minha vida na estrada*, de Gloria Steinem
Autobiografia de uma das maiores feministas estadunidenses, que sempre cultivou sua independência em relação aos homens, bem como sua ligação com outras mulheres. É também uma grande ocasião para conhecer a trajetória da história do feminismo!

PODCASTS

- *Écofeminisme, 2ᵉ volet: Retrouver la Terre – Un podcast à soi*
  Na segunda parte dessa transmissão dedicada ao ecofeminismo, descobrimos as Terras das Mulheres, onde mulheres lésbicas e heterossexuais vivem em comunidade, longe do olhar e das expectativas dos homens. Libertador.
- *Féminisme & fiction: se réinventer – Les Trois Points*
  O podcast libertário questiona o lugar dos homens e de seu racionalismo nas esferas militantes. Dar lugar ao imaginário para reinventar o possível: uma superpotência feminina.

SÉRIES

- *Sex education*
  Nessa série, jovens mulheres e sua individualidade se desdobram, se encontram e brilham na tela. Suas amizades, belas e fortes, permitem que floresçam. Já os meninos aprendem a se comunicar e a ser verdadeiros consigo mesmos e com os outros.

- *Jane the Virgin*
  Em cinco temporadas, *Jane the Virgin* mostra os mais belos relacionamentos entre mulheres. É também um lugar privilegiado, onde o homem tem o direito de sentir e expressar emoções.
- *GLOW*
  Baseada na história real das *Gorgeous Ladies of Wrestling*, essa série e seu incrível elenco feminino questionam a maternidade, o casamento, a ambição, a independência, os sonhos… Tantas questões que perpassam a vida das mulheres.

FILMES

- *Retrato de uma jovem em chamas*
  Céline Sciamma nos oferece um universo onde os homens só existem longe de nós. O amor é lésbico, mas também há nele sororidade, com um trio de mulheres se acolhendo, em uma ilha isolada do mundo e de sua turbulência.
- *Tomates verdes fritos*
  A adaptação cinematográfica do romance de Fannie Flagg conta uma bela história de amizade en-

tre mulheres, ambientada no Alabama da década de 1920, e a busca pelo significado de uma dona de casa em um casamento decepcionante.
- *Uma canta, a outra não*
Como todos os filmes de Agnès Varda, *Uma canta, a outra não* é uma joia. Nos anos 1970, a luta pela descriminalização do aborto é aqui encarnada por mulheres que se apoiam, em uma amizade e uma irmandade que perduram e atravessam o tempo.
- *Mad Max: estrada da fúria*
Num ambiente diferente, essa obra da saga pós-apocalíptica, bem conhecida dos homens viris, dessa vez homenageia Furiosa, uma mulher de nome evocativo que luta para se salvar. Max, por sua vez, deve ter oito linhas de diálogo: tudo o que mais amamos.

Este livro foi composto na tipologia Minion Pro,
em corpo 11/16, e impresso em papel off-white,
no Sistema Cameron da Divisão Gráfica
da Distribuidora Record.